REQUÊTE

AU PARLEMENT,

LES CHAMBRES ASSEMBLÉES,

ET LES PRINCES ET PAIRS Y SÉANT,

POUR François de Vedel-Montel, chevalier de l'ordre royal & militaire de Saint Louis, lieutenant colonel d'infanterie, & major du régiment Dauphin;

CONTRE M. *le maréchal duc de* Richelieu, *pair de France;*

EN nullité de la procédure du châtelet de Paris, & en prise à partie contre le sieur Bachois, *lieutenant criminel.*

A NOSSEIGNEURS
DE PARLEMENT,
LES CHAMBRES ASSEMBLÉES,

ET LES PRINCES ET PAIRS Y SÉANT.

SUPLIE humblement François de Vedel-Montel, chevalier de l'ordre royal & militaire de saint-Louis, lieutenant colonel d'infanterie, & major du régiment Dauphin :

Disant, qu'il reclame aux pieds de la plus auguste des cours la vengeance des loix contre une procédure monstrueuse dont il n'y a peut-être jamais eu d'exemple en France, & où le juge qui l'a tenue, n'a pas craint de flétrir la dignité de son tribunal, en foulant aux pieds ces formalités sacrées qui, dans l'instruction des procès criminels, sont les

A

fauve-gardes du citoyen ; en violant les régles de la décence & de l'honnêteté , dans des interrogatoires infidieux ; en fervant enfin·, de toutes manieres , les paffions de ceux qui avoient eu recours à fon autorité.

Un homme , d'une maifon ancienne & diftinguée dans fa province , & qui n'a jamais démenti cette honorable origine ; un militaire aimé , confidéré de tout fon corps , c'eft-à-dire , de cette claffe de citoyens fi délicate fur l'honneur & qui prodigue fi peu fon eftime ; un lieutenant colonel , qui depuis plus de trente ans , fert fa patrie & fon prince avec autant de zele que de diftinction ; qui, jufqu'à préfent , a toujours été pur , intact , irréprochable à tous égards (1) , fe voit tout-à-coup transformé en un vil fauffaire , & trainé ignomineufement de prifons en prifons , fans qu'il exifte la moindre preuve contre lui du crime dont il eft accufé. Tel eft le fupliant ; tel eft l'horrible fituation qu'il éprouve aujourd'hui.

LE fupliant , né à Aiguevive en Languedoc , d'une très-ancienne famille noble de cette province , eft fils du fieur de Vedel , lieutenant colonel d'infanterie , tué dans les guerres d'Italie ; & il a l'honneur d'être au fervice du roi , depuis environ trente-quatre ans (2).

---

(1) Voyez les piéces juftificatives , ci-après.
(2) Voyez les piéces juftificatives , ci-après.

Il y a occupé fuccefſivement les différens grades qui l'ont conduit à ceux de lieutenant colonel & de major du régiment Dauphin.

En 1771 , il commandoit à Poitiers ce régiment, qui y étoit en garnifon.

Madame la préfidente de Saint-Vincent étoit alors & depuis peu de temps réfidente au monaſtere de Sainte-Catherine de cette ville , où M. le maréchal-duc de Richelieu l'avoit fait transférer de Tarbes.

Le fupliant connut cette dame à l'occafion de l'intérêt qu'elle voulut bien prendre au fort de quelques foldats qu'elle lui recommanda. Il lui rendit vifite , comme lui en rendoient les perfonnes les plus diftinguées dans la ville ; & infenfiblement ils fe lierent de confiance & d'amitié.

On parloit beaucoup à Poitiers de la parenté & des liaifons de madame la préfidente de Saint-Vincent avec M. le maréchal de Richelieu , qui avoit alors un prodigieux crédit ; & le fupliant ne tarda pas à en être convaincu : elle voulut bien lui faire part de l'afcendant qu'elle prétendoit avoir auprès de M. le maréchal , & de ce qu'il avoit fait à fa recommandation pour différentes perfonnes auxquelles elle s'étoit intéreffée ; enfin elle offrit fes fervices au fupliant , qui , pour des raifons particulieres , & qui font indifférentes à ce dont il s'agit aujourd'hui , défiroit alors un prompt avancement , & une place avantageufe , à laquelle il croyoit avoir droit d'afpirer après plus de trente années de fervice.

Dans de pareilles circonſtances , M. le maréchal de Richelieu pouvoit être pour le ſupliant un proteċteur extrêmement précieux ; le ſupliant accepta donc les offres obligeantes de madame de Saint-Vincent , & la pria de vouloir bien employer pour lui ſes bons offices auprès de M. le maréchal.

M. le maréchal de Richelieu prétend ne pas connoître le ſupliant , ne l'avoir vu que deux fois à Poitiers , en maiſon-tierce , & avoir à peine entendu prononcer ſon nom ; il prétend auſſi ne s'être intéreſſé que très - foiblement , très-légerement au ſort du ſupliant. Il faut cependant qu'il ſe rappelle que le ſupliant l'a vu à ſon logement toutes les fois qu'il eſt paſſé à Poitiers, pendant que le régiment Dauphin y ſéjournoit ; qu'il lui a préſenté le corps des officiers de ce régiment ; qu'il a dîné ou ſoupé au moins trois fois avec lui , ſoit à l'évêché, ſoit à l'intendance de Poitiers ; & qu'après le dernier ſouper à l'intendance , il lui a parlé en particulier au milieu du ſalon de compagnie, l'a remercié de ce qu'il avoit promis à madame la préſidente de Saint-Vincent de s'intéreſſer à lui pour la grace qu'il déſiroit d'obtenir ; que M. le maréchal lui en renouvella la promeſſe ; qu'il lui dit même de lui faire parvenir un mémoire ; que ce mémoire lui fut enſuite adreſſé par madame la préſidente de Saint-Vincent ; qu'il parla en ſa faveur à M. le duc d'Aiguillon , alors miniſtre de la guerre , à M. le duc de la Vauguyon , colonel du ſupliant , au ſieur Charlot , premier commis de la guerre , & à pluſieurs autres perſonnes.

Il faut encore que le M. le maréchal fe rapelle, malgré tout ce qu'on peut lui faire dire aujourd'hui, qu'il a écrit au fupliant ; que le fupliant lui a écrit, & que M. le maréchal a reçu fes lettres, puifque le fupliant les avoit porté lui-même à la pofte, & que M. le maréchal y a fait réponfe.

Il faut enfin que M. le maréchal fe rapelle qu'une perfonne que le fupliant avoit priée de le folliciter de fa part, lui a parlé pour lui trois fois à Verfailles ; que, loin que M. le maréchal dît alors ne point connoître le fupliant, ni ne prendre aucun intérêt à fon avancement, il autorifa très-expreffément, & par une lettre, cette même perfonne, à folliciter en fon nom pour le fupliant, ce que celui-ci demandoit au bureau de la guerre.

Il fe peut, fans doute, que les promeffes de M. le maréchal ne fuffent pas bien fincères, ni fes follicitations bien vives : le fupliant eft un foldat, qui ne fait que fervir fon prince & fa patrie. Il n'entend point le langage des cours, que l'on prétend être plus flatteur que véridique : il s'en raporte à cet égard à M. le maréchal, & revient à madame la préfidente de Saint-Vincent.

Cette dame tint au fupliant la parole qu'elle lui avoit donnée de s'intéreffer pour lui auprès de M. le maréchal ; elle lui écrivit en la préfence du fupliant une lettre de recommandation que celui-ci vit cacheter, & qu'il porta lui-même à la pofte : & peu de temps après elle lui fit voir une réponfe obli-

geante qu'elle dit avoir reçue de M. le maréchal.
Elle renouvella même ses inflances auprès de lui,
tant dans plufieurs autres lettres que le fupliant vit
également, que de vive voix, lors des différentes
vifites que lui fit M. le maréchal ; & c'eft fur ces
recommandations, qu'il fit ou du moins parut faire
les démarches & les follicitations que le fupliant
vient de rappeler. Si elles n'ont rien produit de
l'effet que le fupliant pouvoit en attendre, il n'en eft
pas moins vrai qu'elles ont été faites.

Quoiqu'il en foit, madame de Saint-Vincent prit
peu-à-peu affez de confiance dans le fupliant pour
lui communiquer une partie de fes fecrets avec M.
le maréchal ; le fupliant avoit fu que c'étoit M. le
maréchal qui par fon crédit avoit tiré de Milhaud
madame la préfidente de Saint-Vincent, pour la faire
venir d'abord à Tarbes, & enfuite à Poitiers, où le
fieur Auvray, fecrétaire de l'intendance, lui avoit
fait préparer par fes ordres l'apartement qu'elle
occupoit. Elle fit voir au fupliant des lettres de M.
le maréchal, qui contenoient les plus grandes promeffes ; lettres que le fupliant la voyoit recevoir des
mains des couriers, tantôt de Bordeaux, tantôt de
Paris, ou des autres lieux où fe trouvoit M. le maréchal. Il y étoit queftion d'argent, & même de fommes
très-confidérables qu'il devoit, difoit-il, lui faire
toucher.

Par une fuite de cette confiance que le fupliant
avoit infpirée à madame de Saint-Vincent, celle-ci

lui fit part de quelques embaras où elle fe trouvoit alors. M. le maréchal promettoit beaucoup ; mais elle avoit des befoins très-preffans qu'il faloit fatis-faire. Le fupliant pénétré de reconnoiffance de ce qu'elle avoit bien voulu faire pour lui, crut devoir lui offrir fa bourfe ; elle l'accepta.

Madame la préfidente de Saint-Vincent, il faut l'avouer, connoît beaucoup mieux la nobleffe & la générofité des procédés, que les regles de l'écono-mie. La bourfe du fupliant fut bientôt épuifée ; il eut recours à celle de fes amis pour continuer d'obli-ger cette dame. Il étoit fi fortement perfuadé de la véracité des promeffes de M. le maréchal de Riche-lieu ; il croyoit fi fermement qu'elles alloient s'effec-tuer, qu'il n'y avoit point d'engagement, quelque onéreux qu'il pût être, que le fupliant n'eût con-fenti de contracter pour tirer madame de Saint-Vincent de la gêne momentanée où elle fe trouvoit. Par quelle fatalité faloit-il que des motifs fi purs devinffent la fource d'un des plus horribles procès qui ayent jamais exifté, & d'une des plus cruelles perfécutions dont un honnête citoyen ait jamais été la victime ?

Dans la vue d'adoucir les maux de madame de Saint-Vincent, le fupliant s'étoit prodigieufement gêné lui-même. Si fes amis auxquels il avoit eu re-cours ne le preffoient pas beaucoup, plus ils étoient généreux envers lui, plus il fentoit la néceffité de leur rendre ce qu'ils lui avoient prêté. Il favoit

très-bien que madame la préfidente de Saint-Vincent brouillée irrévocablement avec fa famille, &
n'ayant pour toute fortune que la penfion de cent
louis que lui faifoit M. le préfident fon mari, ne
pouroit lui rendre les fommes qu'elle lui avoit em-
pruntées; fans l'accompliffement entier des promeffes de M. le maréchal de Richelieu : il fut donc
obligé de la prier de redoubler fes inftances auprès
de lui pour qu'il ne la fît pas attendre plus long-
temps; il fit plus : il voulut voir les lettres qu'elle
lui écrivoit, les voir cacheter, les porter lui-même
à la pofte, fe trouver chez elle à l'heure de l'arrivée
des couriers, voir les lettres qu'ils apportoient de
M. le maréchal, les voir décacheter.

Madame de Saint-Vincent lui permit même d'en
décacheter plufieurs; & il demeura convaincu que
M. le maréchal promettoit réellement à cette dame
de très-grands & de très-prompts fecours. Ce fut
dans ces circonftances, que, fur la fin de l'année
1772, ou au commencement de 1773, il partit
pour Paris où l'appeloient fes affaires, & où il vouloit folliciter lui-même auprès de M. le maréchal
la grace qu'il attendoit.

Malgré tous les facrifices qu'avoit faits le fupliant
pour madame de Saint-Vincent; malgré la gêne
étroite où il s'étoit mis pour la tirer de peine, elle
avoit beaucoup d'autres créanciers qui la preffoient
plus vivement. Elle en écrivit à M. le maréchal,
& fur la réponfe qu'elle en reçut, elle partit pour

Pari

Paris, ſans rien payer de ce qu'elle devoit à Poitiers.

Le ſupliant ayant apris ſon arrivée dans cette ville, fut la voir au couvent de la Miſéricorde, rue du Vieux Colombier, où elle étoit logée. Elle n'y jouiſſoit pas encore de l'aiſance ſur laquelle elle avoit tant compté, quoique M. le maréchal vînt la voir, & lui écrivît ſouvent; mais elle aſſura le ſupliant & lui fit voir par des lettres dont elle lui donna lecture, qu'elle avoit les plus grandes eſpérances d'un meil-leur ſort.

Tel étoit l'état des choſes, lorſqu'un jour du mois d'avril ou de mai 1773, le ſupliant entrant dans l'apartement de madame de Saint-Vincent, lui trouva un air de ſatisfaction & de gaieté qu'il ne lui avoit jamais vu; elle lui préſenta dans le même moment un papier qu'il prit de ſes mains, & qu'il lut : c'étoit un mandat de 300000 livres au profit de madame de Saint-Vincent, ſur le ſieur Peſchot, banquier, ſouſcrit du nom de M. le maréchal de Richelieu, & d'une écriture pareille à celle que le ſupliant avoit vue tant de fois dans les lettres qu'elle diſoit recevoir de M. le maréchal. Ce mandat portoit : « Je prie M. Peſchot de payer à madame la préſi-» dente de Saint-Vincent les 300000 livres qui lui » apartiennent ».

Le ſupliant étoit donc bien fondé à croire que ce mandat étoit réellement de M. le maréchal lui-même : il en félicita madame de Saint-Vincent.

Elle le montra enſuite à quelques perſonnes, qui

lui dirent qu'il n'étoit point en bonne forme : elle soutient qu'elle en fit l'obfervation à M. le maréchal ; & que c'eft fur la réponfe qu'il lui fit, qu'elle n'avoit qu'à lui en donner un modele, & qu'il le figneroit, qu'elle pria le fupliant de lui procurer ce modele.

Le fupliant s'adreffa donc à un homme plus inftruit que lui fur cette matiere, & lui dit, en préfence de madame de Saint-Vincent, & fans nommer les perfonnes, qu'il connoiffoit une dame à qui quelqu'un vouloit faire un billet au porteur, & qu'il le prioit de lui en donner un modele ; ce qui fut fait. Madame de Saint-Vincent l'envoya auffitôt à M. le maréchal ; & peu de jours après, le fupliant revit ce billet entre les mains de madame de Saint-Vincent, muni de la fignature de M. le maréchal.

Autant qu'il eft poffible au fupliant de s'en fouvenir, ce billet étoit payable en feptembre 1773. M. le maréchal, qui avoit recommandé, dit madame de Saint-Vincent, qu'on ne s'en défaifît point, prétendit à cette époque n'avoir point de fonds pour en payer le montant. Pendant plufieurs mois, & de jour en jour, il promit d'y faire honneur : mais il finit par propofer d'en faire un autre à une échéance plus éloignée.

Dans la fituation où fe trouvoit madame de Saint-Vincent, elle ne pouvoit, ajoute-t-elle, refufer de s'arranger avec M. le maréchal comme il jugeroit à propos. Elle imagina feulement qu'il feroit plus commode à ce feigneur de payer les 300000 l en cinq termes, qu'en un feul. Elle fit donc faire fix billets; un de la fomme entiere de 300000 livres, & cinq de 60000 livres chacun & les envoya tous à M. le maréchal dans une lettre, où elle le prioit de lui renvoyer fignés, foit celui de 300000 livres , foit les cinq de 60000 livres chacun revenans enfemble à la même fomme de 300000 livres. Ceci fe paffoit dans le mois de novembre 1773.

Les fix modeles de billets furent écrits & rédigés par Mᵉ Gariffon de la Tour, homme de condition, & avocat en la cour. Le fupliant étoit préfent, il les vit mettre fous enveloppe, avec une lettre de madame de Saint-Vincent, à l'adreffe de M. le maréchal de Richelieu, les porta lui-même auffitôt à l'hôtel, & les remit au fuiffe de M. le maréchal; c'étoit la veille d'un dimanche ou d'une fête du même mois de novembre : le fupliant étoit dans une voiture de place, accompagné de la femme de chambre de madame de Saint-Vincent.

Le fupliant retourna dès le lendemain chez madame de Saint-Vincent, & revit entre fes mains le billet de 300000 liv. & deux des cinq de 60000 liv. chacun; le tout paroiffant figné de M. le maréchal, avec le *bon pour* au bas, & une lettre de la même écriture que celle que le fupliant avoit vue tant de fois comme étant de M. le maréchal de Richelieu.

Ce dernier mandoit par cette lettre, autant que peut fe le rapeler le fupliant : « je vous envoie, ma

» chere coufine, votre billet figné, & deux : avec
» l'un, vous paierez vos dettes, vous remettrez
» l'autre à votre *tiers* (c'étoit le fupliant) pour
» lui payer ce que vous lui devez ; mais n'en parlez
» à perfonne, & n'en vendez point d'un an : j'aime
» toujours bien ma chere coufine ».

Le fupliant reconnut parfaitement ces billets pour
être les mêmes qu'il avoit vus, & qu'il avoit portés
la veille à l'hôtel de M. le maréchal : madame la
préfidente de Saint-Vincent lui dit alors qu'ils lui
avoient été apportés par Saint-Jean, l'un des laquais
de M. le maréchal ; & ce fait fut, dans l'inftant
même, confirmé au fupliant par l'aumônier du
couvent, qui s'étoit trouvé avec elle au moment où
le laquais avoit apporté les billets.

D'après tout cela, comment le fupliant pouvoit-
il ne pas croire que les billets avoient été réellement
fignés par M. le maréchal de Richelieu ? Si ce dernier avoit recommandé à madame de Saint-Vincent
de ne point parler de ce qu'il avoit fait pour elle,
& fur-tout de ne vendre aucun des billets avant un
an, le preffant befoin dans lequel elle fe trouvoit
alors la força fans doute d'en ufer autrement. Elle
pria l'aumônier du couvent (l'abbé Froment), de
lui procurer, s'il étoit poffible, la vente de l'un
des deux billets de 60000 liv.

On s'adreffa au fieur Préville, par l'entremife de
M.e Guefpreau, notaire, fon gendre ; mais avant
de fe décider à efcompter le billet, le fieur Pré-

ville, comme de raifon, voulut s'affurer fi le billet étoit bon, & la fignature véritable; la vérification s'en fit, en fa préfence, chez Me Dumoulin, notaire de M. le maréchal; d'après quoi la négociation eut lieu, & le fieur Préville fe détermina à donner le montant du billet.

Cette opération faite, il reftoit encore , comme on voit, à madame de Saint-Vincent le billet de 300000 livres, & l'un des deux de 60000 liv. Le premier lui parut toujours être d'une fomme trop confidérable pour ne pas gêner M. le maréchal lors de l'échéance, ou pour s'en procurer aifément la valeur dans le cas où elle voudroit par la fuite en difpofer. Elle le fit couper en différens billets de 20, 25, 30, 35, 40, & 45000 livres, dont elle fit faire les modèles, que le fupliant la vit le lendemain rapporter comme fignés de M. le maréchal, qui les lui avoit remis chez lui, d'où elle fortoit, en même temps qu'elle avoit déchiré en fa préfence, difoitelle, celui de 300000 liv.

Mais il paroît que les dettes qu'elle s'étoit cru pouvoir être en état de contraƀter, depuis qu'elle avoit compté fur les promeffes de M. le maréchal de Richelieu, excédoient le produit du billet de 60000 liv. vendu au fieur Preville. M. le maréchal n'ayant point été inftruit de cette premiere vente, madame la préfidente efpéra qu'il pouroit ne pas l'être davantage d'une feconde négociation. Au mois de mai 1774, elle pria le fupliant d'aider à celle qu'elle vouloit faire d'un billet de 25000 liv.

En effet, il trouva un particulier qui lui en procura la négociation chez le sieur Rubi, marchand fripier, rue Saint-Honoré, auquel le supliant permit d'aller vérifier la signature vis-à-vis de M. le maréchal lui-même, pourvu que ce fût sans que ses gens en sçussent rien. Le sieur Rubi ne peut pas disconvenir de ce fait, qui est une preuve sans replique, qu'à cette époque le supliant étoit dans la bonne foi que les billets avoient été réellement souscrits par M. le maréchal.

Au surplus, avant de conclure le marché, le sieur Rubi, comme on le peut croire, fit la même difficulté qu'avoit faite le sieur Preville; il voulut vérifier la signature du billet; le supliant l'accompagna, lui & l'agent de la négociation, jusqu'à la porte de Me Dumoulin, notaire, chez lequel ils entrerent, tandis que le supliant resta dans la voiture, où ils le rejoignirent un instant après, en lui disant que le billet étoit bon, & que le notaire l'avoit assuré tel. Malgré cette sûreté, le sieur Rubi proposa au supliant de lui garantir la signature par un écrit de sa main, ce que le supliant consentit à faire, sans hésiter, tant il se croyoit certain de la sincérité du billet. Le sieur Rubi, non-seulement prit le billet de 25000 livres, mais encore s'accommoda par la suite de deux autres montant à 55000 liv. Il donna pour tout cela de l'argent & des marchandises, dont la vente fut faite par des huissiers-priseurs.

Il se fit encore une troisieme négociation , mais dont le supliant ne se mêla en aucune maniere, non plus qu'il ne s'étoit mêlé de la seconde. Il proposa seulement en différentes fois, à une dame Leroy, négociante, d'escompter ou de faire escompter deux ou trois des autres billets ; & ces dernieres négociations n'ayant pas eu lieu, la dame Leroy rendit les billets au supliant , qui les remit à madame de Saint-Vincent.

Pour cette fois, M. le maréchal de Richelieu fut instruit de ce qui se passoit: on lui mande à Bordeaux où il étoit depuis la fin de juin, qu'il court dans Paris pour des sommes immenses de billets qu'on dit être de lui. Il en écrit à madame de Saint-Vincent par Marion, son intendant, qui lui aporta la lettre le 16 juillet : par cette lettre , il ne lui dit pas qu'il est étonné d'aprendre qu'elle dise avoir des billets de lui ; il ne lui dit pas qu'il ne lui en a point fait ; mais il la prie simplement de se joindre à son intendant & au magistrat de police, & de les aider à découvrir ce *maquignonage* ; c'est le terme dont se servoit dans cette lettre M. le maréchal de Richelieu, & il est important de le remarquer. Il n'a pas échappé au sieur Rubi, non plus qu'au supliant, ni à d'autres personnes, ainsi qu'on le verra par les interrogatoires ; & il suppose évidemment en effet que, dans ce premier moment, M. le maréchal ne se plaignoit point qu'on eût fait de faux billets sous son nom ; mais seulement qu'on mît sur la place, & qu'on livrât aux négociations publiques des billets qu'il avoit réellement foufcrits : c'eft un malheur pour madame de Saint-Vincent d'avoir égaré ou déchiré la lettre de M. le maréchal. On en auroit tiré pour elle & pour le fupliant lui-même les plus grands avantages.

Voilà donc M. le maréchal de Richelieu bien affuré qu'on négocioit fes billets, malgré la défenfe qu'il en avoit faite à madame la préfidente : que fait-il alors ? Au lieu de chercher à retirer fes billets du commerce en les payant, s'il étoit vrai qu'il les eût foufcrits ; ou de les infcrire de faux en juftice réglée, s'ils étoient fuppofés ; ce qui étoit la feule marche qu'il dût fuivre dans ce dernier cas ; il obtient, ou plutôt il furprend un ordre du miniftre, & fait traîner le 25 juillet madame de Saint-Vincent dans ces prifons terribles qui ne s'ouvrent, ou ne doivent jamais s'ouvrir que pour recevoir les criminels d'état.

En même temps on fait perquifition chez elle, on enleve tous fes papiers, même les plus fecrets, même ceux qui n'avoient ni ne pouvoient avoir raport à aucune efpece d'affaire, & qui ne pouvoient concerner qu'elle-même : on procede à une inftruction extrajudiciaire, defpotique, illégale en elle-même, & plus illégale encore par les motifs & les circonftances qui y donnoient lieu ; on entend des témoins, au nombre defquels étoit le fupliant ; on fait fubir interrogatoire à madame de Saint-Vincent ;

Saint-Vincent; & quand on s'eſt ainſi rendu maître de tous les papiers qui pouvoient ſervir à ſa juſti-cation, on conſent à lui rendre, pour un moment, ſa liberté.

Le ſupliant n'entrera dans aucun détail ſur cette premiere partie des procédures, quoique plus hor-rible encore que tout ce qui a ſuivi; c'eſt aux défen-ſeurs de madame de Saint-Vincent à faire voir toute l'atrocité des procédés dont les gens d'affaires de M. le maréchal n'ont pas craint d'uſer envers une femme de la premiere qualité, que M. le maréchal lui-même s'honore d'avoir pour parente.

Le ſupliant vient de le dire : il n'avoit paru que comme témoin dans l'inſtruction ténébreuſe faite à la Baſtille ; les gens d'affaires de M. le maréchal font prendre enfin à ce ſeigneur des voies plus lé-gales, au moins en aparence ; & les 27 du même mois de juillet & 14 août ſuivant, il rend plainte en faux principal, & requiert l'appoſition des ſcellés ſur les papiers & effets de toutes les perſonnes *qu'il plairoit* au lieutenant criminel de décréter.

Sur ſa plainte, & ſur les concluſions du ſubſtitut de M. le procureur général, on décrete huit per-ſonnes, au nombre deſquelles étoit le ſupliant; on ordonne l'appoſition des ſcellés ſur les effets & pa-piers des décrétés, le tout *aux riſques, périls & fortunes* de M. le maréchal de Richelieu.

M. le maréchal prétendit donc alors, pour la premiere fois, que ce n'étoit point lui qui avoit figné les billets dont madame de Saint-Vincent étoit en poffeffion. Il fait entendre des témoins qui lui font totalement dévoués, tels que fes domeftiques & d'autres gens non moins fufpeêts, & tout auffi reprochables, qui difent que le fupliant a eu part à la négociation de quelques-uns des billets argués de faux; & comme fi cette négociation, à laquelle le fupliant n'avoit aucun intérêt perfonnel, & dont il ne s'étoit mêlé que pour obliger madame la pré-fidente, pouvoit jamais être regardé comme un crime, quand même les billets feroient jugés faux, on le décrete de prife-de-corps le 16 du même mois d'août, on vient le fouiller & prendre tous fes papiers, fur lefquels on appofe le fcellé; on le traîne ignominieufement dans les prifons, lui domi-cilié, lui lieutenant-colonel, lui décoré des marques de la fatisfaêtion que le roi avoit eue de fes longs fervices; lui enfin, dont jufqu'alors per-fonne ne s'étoit jamais plaint, & qui avoit tou-jours mené la vie la plus pure, & tenu la conduite la plus réguliere (1).

Arrivé dans les prifons du châtelet, on le met au *fecret*, comme le plus vil des criminels, comme un homme qui avoit mérité le dernier fuplice; & comme on avoit réfolu de violer toutes les régles à fon égard, on l'y tient pendant trois jours, fans l'interroger.

____

(1) Voyez les pieces juftificatives ci-après.

Mais, ce qui eft encore 'plus abominable, c'eft qu'au moment où le decret avoit été lancé, il n'y avoit point de corps de délit conftant ; puifque, d'une part, la négociation des billets argués de faux n'étoit point un délit; & que d'un autre côté, le délit ne pouvoit réellement être regardé comme exiftant, qu'autant que le faux fe fût trouvé conftaté, ou tout au moins attefté par des experts, d'après les procédures & les formalités prefcrites par les loix, opération qui n'eut lieu qu'environ trois mois après; c'eft enfin, que le decret a été décerné *aux rifques*, *périls & fortunes* de M. le maréchal de Richelieu; ce qui eft un vrai monftre dans notre jurifprudence criminelle.

On fait enfin fubir interrogatoire au fupliant les 19 août, premier, 3 & 4 octobre 1774.

Et que réfulte-t-il de ces interrogatoires infectés de vices & de nullités auffi manifeftes que ceux des procédures précédentes, & où le fieur Bachois, qui ne devoit faire fes interrogats, & recevoir les réponfes du fupliant, qu'avec cette impaffibilité qui eft le vrai caractere du juge, a violé toutes les régles de la procédure, & même de la décence, & n'a pas craint de montrer la plus aveugle partialité & une chaleur de paffion & d'intérêt qu'on trouveroit à peine dans les défenfeurs de M. le maréchal de Richelieu?

Malgré les piéges tendus au fupliant par le premier juge, malgré les détours artificieux qu'il a employés pour le faire tomber en contradiaction avec lui-même, il ne réfulte de ces interrogatoires aucune charge contre le fupliant, aucun aveu de fa part, qui p uiffe prouver, ni feulement faire foupçonner la complicité qu'on a l'audace de lui imputer dans le prétendu crime de faux dont eft accufé madame la préfidente de Saint-Vincent : ce n'eft pas ici le lieu d'entrer dans le détail & de fe livrer à la difcuffion de ces interrogatoires, non plus que des opérations des prétendus experts, qui, livrés à toutes les impreffions qu'on leur a fuggérées, ont ofé décider que les billets dont il s'agit étoient abfolument faux ; c'eft ce que le fupliant fe propofe de faire dans le mémoire qu'il publiera en réponfe à ceux de M. le maréchal de Richelieu, & notamment à celui qu'il a publié lui-même contre le fupliant, & qui eft un vrai libelle diffamatoire, dont celui-ci demandera vengeance. L'objet de la préfente requête n'eft autre que de conclure à la nullité de toute la procédure du châtelet, & à la prife à partie contre le fieur Bachois ; il fuffit donc, quant à préfent, d'obferver que les interrogatoires du fupliant, ni les procès-verbaux des prétendus experts, ne prouvent rien contre lui, & qu'il en réfulte tout au plus, que le fupliant a eu part à la négociation d'un des billets argués de faux ; ce qui n'offre pas l'ombre du plus léger délit.

Le 23 du même mois d'août, le procés fut reglé à l'extaordinaire. Paillaffon & Potier, écrivains, furent nommés experts ; & pour avoir une piéce de comparaifon, il fut ordonné que M. le maréchal feroit à fon gré un corps d'écriture, ce qui fut exécuté. Ce corps d'écriture fait par M. le maréchal eft véritablement l'unique piéce que les experts aient prife pour regle dans leur prétendu procès-verbal de raport.

Les 2 & 3 feptembre, madame de Saint-Vincent fit dépofer au greffe trente-fept lettres, qu'elle prétendoit lui avoir été écrites par M. le maréchal; celui-ci s'infcrivit d'abord en faux contre dix-huit de ces lettres, & enfuite contre une dix-neuvieme, en déclarant qu'il ne vouloit pas s'expliquer fur les autres; c'étoit donc le cas de rendre toutes celles non arguées de faux, ainfi que toutes celles écrites entre madame de Saint-Vincent, M. le maréchal, le fupliant & autres perfonnes; lettres qui étoient au nombre de plus de quatre cents, abfolument inutiles à l'inftruction du faux, mais néceffaires à ceux à qui elles apartenoient, parce qu'elle contenoit des fecrets dans lefquels M. le maréchal, ni qui que ce fût, n'avoit droit de pénétrer : cependant tout fut retenu.

Le 10 du même mois de feptembre, le fieur Bachois procéda à une addition d'information compofée de trente-fix témoins, dont plus de moitié font les domeftiques de M. le maréchal, & les autres lui font totalement dévoués comme travaillant journellement pour lui, tels que fon commiffionnaire de vin, fon notaire, fon banquier, fon perruquier, &c.

Les gens d'affaire de M. le maréchal avoient en- gagé le fils d'un bourgeois de Milhaud, qui a l'im- pudence de fe qualifier baron de Roquetaillade, à dépofer dans une information faite à Milhaud même, qu'ayant comparé des lettres de M. le maréchal avec celles écrites à madame de Saint-Vincent, il avoit reconnu que celles - ci étoient fauffes; qu'étant à Paris en feptembre & octobre 1773, il alloit fou- vent voir madame la préfidente de Saint-Vincent; qu'elle lui avoit propofé, pour avoir de l'argent, des moyens qui lui avoient fait horreur; qu'elle avoit des lettres de change fous des noms inconnus; que pour les négocier, elle vouloit l'engager à *alté- rer la vérité* des fignatures.

Ce prétendu baron de Roquetaillade fut con- fronté au fupliant, qui le reprocha, comme étant connu pour menteur & mauvais fujet, & l'accufa de parjure; ce qui fut auffi-tôt vérifié par la rétrac- tation de ce faux témoin, qui s'excufa, en difant, que fa dépofition avoit été mal rédigée.

Tous les autres témoins qui furent confrontés aux fupliant effuyerent le même fort. Il les reprocha, les traita de menteurs; & ils furent forcés de varier. On en verra le détail dans le mémoire du fupliant.

Cependant le fupliant s'étoit déja rendu apelant de toute la procédure.

Le corps de délit n'étant pas conftant, puifque les experts écrivains n'avoient pas encore décidé que les billets étoient faux, la liberté provifoire du ſupliant nè pouvoit éprouver de difficulté : il ne l'obtint pas.

Dans la procédure illégale & monſtrueuſe inſtruite à la Baſtille, les nommés Guillaume & Liverloz, écrivains, avoient fait un raport qui avoit été tenu ſecret, & qui étoit favorable à M. le maréchal. Pour lui conſerver cet avantage, ſans cependant ſe ſervir ouvertement de ce prétendu raport, Guillaume choiſit pour nouveaux experts Paillaſſon & Potier, deux de ſes éleves, de la docilité deſquels il étoit aſſuré.

Mais tous les ſophiſmes de Guillaume & de ſes deux écoliers fuſſent-ils des preuves évidentes d'un faux matériel, il reſtoit toujours à prouver quel en étoit l'auteur, ce qui ne put jamais ſe faire. Le ſupliant ne s'attachera point ici à diſcuter les inepties, les bévues de Paillaſſon & Potier, totalement dévoués à Guillaume, leur maître, homme qui n'a jamais trouvé d'innocent, qui doit être plus que ſuſpeɕt à la cour, & qui d'ailleurs eſt lui-même totalement dévoué aux intérêts de M. le maréchal de Richelieu. Quelqu'intime qu'ait pu être la liaiſon qui régnoit entre le ſupliant & madame la préſidente de Saint-Vincent, il n'en réſultera jamais, quand même il ſeroit poſſible que madame la préſidente fût déclarée coupable du faux dont elle eſt accuſée, que le ſupliant ait coopéré à ce faux, ni qu'il en ait été complice en maniere quelconque : il n'en réſultera jamais autre choſe, ſinon que le ſupliant a eu part à une négociation de billet, ce qui, encore un coup, ne peut paſſer pour un crime, ni même pour la faute la plus légere.

Ces vérités ſont ſi palpables, elles ſont d'une évidence tellement irréſiſtible, qu'il ſuffit de les énoncer. M. le maréchal de Richelieu ne peut ſe les diſſimuler ; mais dans l'affreuſe réſolution qu'il n'a pas craint de prendre, de perdre le ſupliant, de le livrer à l'infamie, de lui faire ſubir les peines réſervées aux plus vils criminels, de lui ravir ſa fortune, ſa liberté, ſon état, ſon honneur, il cherche à établir, 1°. que le ſupliant étoit trop intimément lié avec madame de Saint-Vincent, pour n'être pas entré dans tous ſes ſecrets ; 2°. que par conſéquent il eſt évidemment complice du faux dont eſt accuſée madame de Saint-Vincent : ainſi c'eſt ſur de prétendues preuves morales, ou plutôt ſur de ſimples ſoupçons, que M. le maréchal de Richelieu prétend aſſeoir la certitude d'un fait phyſique, ce qui eſt le comble l'injuſtice & de la déraiſon.

Telles ſont les circonſtances dans leſquelles le ſupliant ſe préſente en la cour pour y demander la nullité de la procédure inſtruite contre lui au châtelet, & la permiſſion de prendre à partie le ſieur Bachois, lieutenant criminel. Ses moyens ſe trouvent déja renfermés dans les faits dont il vient de rendre compte ; il ne s'agit plus que de les déveloper, & de faire voir qu'ils ſont fondés ſur les diſpoſitions textuelles de nos ordonnances, & même ſur les principes les plus ſimples du droit naturel.

Une

Une premiere nullité de la procédure contre laquelle réclame le fupliant, eft qu'après avoir été entendu comme témoin dans l'inftruction extrajudiciaire faite à la Baftille contre madame de Saint-Vincent, on l'a transformé en accufé dans l'inftruction criminelle faite au châtelet.

En effet, lors de l'inftruction de la Baftille, le fieur lieutenant général de police avoit envoyé le fupliant chez le commiffaire Chenon, pour y dépofer & faire fa déclaration de ce qu'il fçavoit au fujet de la négociation des billets argués de faux; & par le plus étrange des contraftes, ou plutôt par une manœuvre dont il n'y a point d'exemple, il n'a point été affigné pour dépofer dans l'information fur la lecture de la plainte en faux rendue par M. le maréchal de Richelieu; on a fait du fupliant un accufé, de peur que fon témoignage ne fût défavorable à M. le maréchal de Richelieu.

L'article 2 du titre 18 de l'ordonnance de 1667, veut que celui qui a choifi l'une des deux actions civile ou criminelle, ne puiffe fe fervir de l'autre, fi ce n'eft qu'en prononçant fur la criminelle on lui réferve la civile; les articles 1er & 2 du titre 20 de l'ordonnance de 1670, laiffent à la prudence des juges d'ordonner qu'un procès commencé par la voie civile, foit pourfuivi extraordinairement, s'ils connoiffent qu'il peut y avoir lieu à quelque peine corporelle; & plufieurs arrêts de la cour ont déclaré nulles des procédures criminelles cumulées avec des inftructions civiles.

Il en doit être de même relativement à ceux qui dépofent comme témoins; ce n'eft à leur égard qu'une action civile qui ne peut être convertie en criminelle, que dans le cas où le juge l'ordonne, & qu'il peut y avoir lieu à peine corporelle contre les témoins, ce qui s'applique de foi-même au fupliant. Il eft horrible, il eft abominable d'attaquer criminellement des témoins, précifément parce qu'ils dépofent ou qu'ils peuvent dépofer à la décharge de l'accufé.

Un deuxieme vice réfulte de l'art. 2. du tit. 10 de l'ordonnance de 1670, qui ne permet de décreter que *felon la qualité des crimes, des preuves & des perfonnes*, & de l'art. 19 du même titre, qui défend de *décerner prife de corps contre les perfonnes domiciliées*, fi ce n'eft pour *crime qui doive être puni de peine afflictive ou infamante* : le nouveau comentateur de cette loi remarque même, fur le premier des deux articles cités, que *le juge doit ufer d'une grande circonfpection pour éviter d'être pris à partie, & qu'il faut plus de preuves à l'égard d'une perfonne diftinguée, qu'à l'égard d'une perfonne vile.*

Le fupliant n'étoit, ni coupable, ni accufé, ni prévenu d'aucun crime qui méritât peine afflictive ou infamante : fi madame de Saint-Vincent étoit accufée de faux, il n'exiftoit aucune preuve, aucun adminicule que le fupliant fût complice de ce pré-

tendu faux ; le fupliant étoit domicilié , & fes qua-
lités de lieutenant-colonel d'infanterie & de major
du régiment Dauphin, ainfi que la croix refpeétable
dont il eft décoré, devoient le préferver de la ri-
gueur d'un décret de prife de corps & d'un empri-
fonnement, d'autant que tout ce qui lui pouvoit être
imputé fe réduifoit à avoir aidé à vérifier les fignatures attribuées à M. le maréchal , à les avoir cru
vraies fur la foi de notaire, de l'intendant & du con-
trôleur de la maifon de M. le maréchal , & enfin à
avoir coopéré à la négociation d'un des billets munis
de pareilles fignatures; tous faits , qui, de quelque
maniere que tournaffent les chofes, quelque événe-
ment qui en arrivât, & madame de Saint-Vincent fût-
elle reconnue coupable du prétendu faux , ne pouvoit jamais inculper le fupliant en aucune maniere.

Une troifieme nullité , & qui eft la conféquence
naturelle de la précédente , eft que le decret de prife
de corps contre lequel reclame le fupliant , a été
décerné *aux rifques , périls & fortunes* de M. le maréchal de Richelieu.

En vain le fieur Bachois prétendroit-il qu'un pareil
decret n'eft pas fans exemple ; il n'en eft pas moins
un monftre dans la procédure ; & fi l'on y admettoit
des claufes de cette efpece , il n'eft point de citoyen
quelque honnête & quelqu'irréprochable qu'il fût,
qui pût être en fûreté chez lui , & qui ne fût à la
merci du premier calomniateur qui feroit affez élevé
en dignité , ou qui fe trouveroit affez riche pour le

vexer : un juge inférieur, tel que le sieur Bachois, ne doit prendre d'exemple que dans la loi : or la loi, comme on vient de le voir, ne permet point de décerner prise de corps contre un domicilié, *aux risques, périls & fortunes* de qui que ce soit ; elle défend expressément au contraire de décerner prise de corps, si ce n'est pour crime public & qui mérite peine afflictive ou infamante ; c'est donc tout à la fois, & contre la disposition textuelle des ordonnances, & contre le droit naturel, que le sieur Bachois s'est permis de décreter le supliant de prise de corps, *aux risques, périls & fortunes* de M. le maréchal de Richelieu ; il a cru, sans doute, par cette étrange clause, se mettre à l'abri des suites de la prise à partie ; & c'est précisément cette même clause qui rend la prise à partie inévitable.

Une quatrieme nullité résulte non seulement de la disposition ci-dessus citée de l'ordonnance de 1670, mais encore des principes du droit naturel : c'est que personne ne peut être décreté, à moins qu'il n'y ait un corps de délit constant ; or c'est le 16 août 1774 que le supliant a été décreté de prise de corps, sur la plainte en faux rendue par M. le maréchal de Richelieu. Pour que le corps de délit eût été constant à cette époque, il auroit falu que le faux eût été constaté, & il ne pouvoit certainement l'être que par un raport d'écrivains experts dressé juridiquement ; cependant il n'y avoit point eu de raport, si ce n'est la décision hasardée par Guil-

laume & Liverloz ; dans l'inftruction illégale &
monftrueufe faite à la Baftille contre madame de
Saint-Vincent, & totalement étrangere au fupliant;
car le raport de Paillaffon & Potier, au châtelet,
n'eft que du mois de novembre fuivant, c'eft-à-dire
qu'il eft poftérieur d'environ trois mois au décret.
Il eft donc plus clair que le jour qu'à l'époque de ce
décret, il n'y avoit point de corps de délit conftant;
il eft donc plus clair que le jour que le corps de délit,
s'il y en a un, n'a pu être réputé conftaté qu'au mois
de novembre, & trois mois au moins après ce décret,
& par conféquent que le décret eft nul & vexatoire.

Une cinquieme nullité réfulte de ce que par les
conclufions du fieur Moreau, fubftitut de M. le
procureur général, du 14 août, il a requis *que les
pieces jointes à la requête de M. le maréchal de Richelieu*, qui étoient toutes celles de la procédure de
la Baftille, *fuffent dépofées au greffe, enfemble qu'il
y fût apporté une expédition du procès-verbal d'appofition & levée des fcellés appofés fur les papiers de
madame de Saint-Vincent & du fieur Benavent, pour
y être dépofés & fervir à l'inftruction ce que de raifon;*
& de ce que le fieur Bachois a déféré à cet étrange
requifitoire.

Des procédures nulles, furtives, violentes, faites
par un officier fans droit & fans caractere, tel qu'un
commiffaire au châtelet, & inftruites contre le texte
des ordonnances, ne peuvent fervir ni de fondement,
ni de guide à une inftruction judiciaire. Les art. 14

du tit. 6 , 8 du tit. 14 , & 24 du tit. 15 de l'ordonnance de 1670 , laiſſoient au devoir & à la religion du ſubſtitut de M. le procureur général de requérir, & au lieutenant criminel de faire décider par ſon tribunal la nullité de la procédure inſtruite à la Baſtille , & d'en ordonner une nouvelle aux frais & dépens du commiſſaire Chenon.

En un mot, ou la procédure de la Baſtille étoit valable , ou elle étoit nulle : au premier cas , il étoit inutile d'en inſtruire une autre ; & celle du ſieur Bachois ſeroit nulle elle-même, par ce principe ſi trivial dans notre juriſprudence , *non bis in idem* : au ſecond cas , on ne pouvoit joindre la procédure de la Baſtille à celle du châtelet pour ſervir à l'inſtruction de celle-ci *ce que de raiſon* ; & de plus le commiſſaire Chenon n'étoit plus partie capable d'inſtruire dans cette ſeconde procédure , de recevoir une plainte , d'entendre les mêmes témoins, ni d'en entendre de nouveaux ; c'étoit un officier devenu ſuſpect, qui auroit dû ſe recuſer lui-même, ou plutôt contre lequel le châtelet auroit dû ſevir.

Une ſixieme nullité réſulte de ce que les interrogatoires que le ſieur Bachois a fait ſubir au ſupliant, ainſi qu'à tous les autres accuſés , n'ont point été écrits ſous la dictée du juge par un greffier du châtelet. En effet le ſieur Bachois s'eſt ſervi d'une eſpece de ſécretaire ſans titre d'office , qu'il a qualifié trèsimproprement de commis-greffier, ſans le nommer , & auquel il n'a pas même fait prêter ſerment.

Le nouveau commentateur de l'ordonnance de 1667, pose en principe sur l'art. 19 du tit. 21, & l'art. 25 du tit. 22 de cette ordonnance, *que les juges dans leur commission ne peuvent se servir pour greffiers que d'un commis du greffe du siége dont il fait corps, à peine de nullité, ainsi que plusieurs arrêts l'ont jugé.*

Ce principe est incontestable en matiere civile, à plus forte raison doit-il être rigoureusement suivi dans l'instruction des procès criminels; & c'est en effet **ce** qui a été jugé par deux arrêts de la cour, des 27 mai 1696 & 28 septembre 1711, raportés dans la nouvelle collection de jurisprudence, au mot *greffier.* Les procédures extraordinaires du lieutenant de la maréchauffée de Lyon & du juge de Dampierre, ont été déclarées nulles par ces arrêts, parce que les juges avoient oublié de prendre le serment du commis-greffier, & d'en faire mention. Un troisieme arrêt du 31 décembre de la même année 1711, raporté au journal des audiences, tome 6, livre 1er, chap. 50, pag. 164, en déclarant nulle une procédure criminelle du juge de Civrai, lui enjoint d'envoyer au greffe de Poitiers les actes de preftation de ferment des greffiers-commis qui avoient affifté ce juge lors des informations & interrogatoires.

Une septieme nullité réfulte des difpofitions de l'ordonnance de 1737. L'art. 13 de cette loi porte que *ne pourront être admifes pour pieces de comparaison (en matiere de faux) que celles qui font au-*

thentiques. L'article 14 ajoute : *pourront néanmoins être admises pour pieces de comparaison les écritures & signatures qui auroient été reconnues par l'accusé, sans qu'en aucun autre cas lesdites écritures & signatures privées puissent être reçues pour pièces de comparaison, quand même elles auroient été vérifiées avec l'accusé sur la dénégation qu'il en auroit faite, ce qui sera exécuté, à peine de nullité.* L'art. 33 ne permet pas aux juges d'ordonner que le demandeur en faux fera un corps d'écriture, mais seulement que l'accusé sera tenu de le faire tel qu'il lui sera dicté par les experts; & cela, dit le commentateur, a lieu principalement lorsqu'il n'y a point de pieces de comparaison, ou qu'elles ne sont pas suffisantes : or il est de principe que lorsqu'une loi ne permet une formalité que dans le cas particulier qu'elle exprime, elle le défend dans tous les autres ; c'est le résultat de cet axiome de droit : *Inclusio unius est exclusio alterius.*

M. le maréchal de Richelieu avoit donné une requête tendante à ce qu'il lui fût permis de tracer un corps de son écriture pour démontrer le prétendu faux. Sur cette requête, une sentence a ordonné que ce corps d'écriture seroit fait en présence du sieur Bachois, du substitut de M. le procureur général, & des experts, dans les positions que ces derniers indiqueroient, & que le sieur Bachois *jugeroit nécessaires.* Cette sentence ne permet point au supliant, accusé de complicité de faux, ni à son

procureur

procureur d'affifter au procès-verbal ; & en effet ils n'y ont point affifté.

D'où il réfulte que ce n'eft point au fupliant, co-accufé de madame de Saint-Vincent, qu'il a été or-donné de faire un corps d'écriture tel qu'il lui feroit dicté par les experts ; que ce corps d'écriture fait par M. le maréchal de Richelieu, ne pouvoit être admis pour piece de comparaifon, puifqu'il n'a pas été reconnu par le fupliant, puifqu'il n'avoit pas été fait en fa préfence.

Et ce qui acheve de démontrer l'irrégularité, ou plutôt la partialité qui dominoit dans toute cette affaire, c'eft que malgré la difpofition de la fentence du fieur Bachois, qui s'étoit réfervé de juger quelles feroient les pofitions dans lefquelles M. le maréchal feroit fon corps d'écriture, les deux prétendus ex-perts fe font ingérés de juger que les différentes encres & poftures étoient inutiles, & qu'il fuffifoit de tailler la plume de différentes manieres ; enforte que M. le maréchal a fait fon corps d'écriture comme il a voulu, & tel qu'il a jugé à propos.

Un huitieme vice réfulte de l'article premier du titre 14 de l'ordonnance de 1670, qui ordonne que *les prifonniers pour crimes feront interrogés incef-famment, & les interrogatoires commencés au plutard dans les 24 heures après leur emprifonnement, à peine de tous dépens, dommages & intérêts contre le juge qui doit faire l'interrogatoire.*

C'eft le 16 du mois d'août que le fupliant a été

E

conftitué prifonnier & mis au *fecret*, comme le plus vil des criminels ; & ce n'eft que le 19 du même mois, & par conféquent trois jours après fon empri-fonnement, qu'on l'a tiré du *fecret* pour lui faire fubir fon premier interrogatoire ; ce qui dégénere en une vexation puniffable, dont le juge doit répon-dre, & qui fuffiroit feule pour faire admettre la prife à partie contre lui.

Un neuvieme vice réfulte du principe conftant dans notre légiflation criminelle, que l'inftruction d'un procès criminel ne doit avoir pour objet que la recherche de la preuve du titre d'accufation expli-qué par la plainte. Tout ce qui eft étranger au délit doit être foigneufement écarté, tant par les témoins que par le juge ; & les arrêts de la cour ont toujours déclaré nulles les procédures extraordinaires dans lefquelles on avoit mêlé d'autres délits, d'autres par-ticularités, d'autres injures, d'autres calomnies, d'au-tres faits que ceux qui formoient l'objet de la plainte. Or les gens d'affaire de M. le maréchal, & le fieur Bachois, ont furchargé le procès du fupliant de particularités, d'injures auffi atroces qu'inutiles, & de queftions auffi indécentes qu'indifcretes, qu'un juge impartial n'auroit jamais élevées.

Dans une infcription de faux, il n'y a que trois fortes de pieces qui doivent fervir à l'inftruction ; premierement celles auxquelles on fait le procès ; fecondement celles de conviction, qui conftatent que l'accufé eft le fauffaire ; troifiemement celles de comparaifon, qui prouvent qu'elles font différentes des premieres.

Dans l'inftruction faite au châtelet, on ne s'eft pas borné à informer, à interroger fur le prétendu faux dont fe plaint M. le maréchal de Richelieu ; on ne s'eft pas borné à joindre les trois fortes de pieces, qui feules devoient fervir à l'inftruction de ce prétendu faux ; on s'eft livré indifcretement à la difcuffion de plus de 800 pieces qui n'ont pas l'ombre de raport à ce titre d'accufation. Le commiffaire Chenon à la tête de vingt fufiliers en a fait de nuit & de jour l'enlevement furtif dans dix maifons différentes ; ces pieces qui confiftent la plupart en lettres miffives de M. le maréchal, du fupliant, de madame de Saint-Vincent & autres, ont été examinées avec la plus avide curiofité, & interprêtées de la maniere la plus maligne par Chenon & le fieur Bachois ; & quoiqu'elles ne foient ni arguées de faux, ni pieces de conviction, ni pieces de comparaifon, que même quelques-unes puffent fervir aux faits juftificatifs des accufés, & que les art. 41 & 42 de l'ordonnance de 1737 permiffent aux accufés de les repréfenter lors de leurs interrogatoires & à la confrontation, & les art. 46, 47, 50 & 51, de demander qu'elles fuffent reçues pour nouvelles pieces de comparaifon, tout cela a été interdit aux accufés ; & l'on ne s'eft fervi des autres pieces inutiles, que pour faire au fupliant & aux autres accufés les infultes les plus graves, les interroger fur des faits abfolument étrangers au procès, & leur préfenter des queftions auffi indifcretes qu'indécentes. Toutes ces lettres & celles du fupliant ont enfanté plus de 1500 rôles d'interpellations injurieufes.

Ainfi toute la procédure tenue au châtelet n'eft qu'une inquifition odieufe & digne des peines les plus féveres.

Il n'eft permis à aucun particulier d'intercepter, de furprendre, ni de lire des lettres qui ne lui font pas adreffées. Une action de cette nature eft contraire au droit naturel & à l'humanité ; tout au plus le gouvernement fe la permettroit-il en matiere de crimes d'état ou de leze-majefté ; & affurément M. le maréchal de Richelieu, fut-il fondé dans fon infcription de faux, ce n'auroit jamais été un crime d'état ni un crime de leze-majefté, que d'avoir fabriqué des billets fous fon nom ; auffi les interceptions des lettres, foit de la part des particuliers, foit même de la part des juges, ont-elles toujours été punies en France. Bouchel, au mot *lettres interceptées*, rapporte un arrêt du 22 décembre 1593, qui, fur les conclufions de M. le procureur général, décreta Michel Cotté, lieutenant au bailliage de Dunois, pour avoir intercepté une lettre fur laquelle il vouloit faire faire le procès à Antoine Touault : & M. Dufail cite trois arrêts du parlement de Rennes, l'un du 5 mars 1574, qui condamna Bonabry à l'amende, pour avoir intercepté les lettres de Perrin fa partie ; l'autre du 11 juillet 1602, qui décreta de prife de corps un folliciteur qui avoit intercepté les lettres écrites à un procureur ; & le troifieme de 1638 , contre René Manchien , qui avoit ouvert & fupprimé un paquet que la dame d'Epinars lui avoit confié pour remettre à un fieur d'Outremer : il fut ordonné que fon procès lui feroit fait & parfait devant le lieutenant criminel de Rennes. Enfin la cour des aides rendit, le 6 mars 1645 , contre les officiers du grenier à fel de la Fleche, un arrêt raporté au journal des audiences, tome 1er, liv. 4, chap. 21 , part. 347 , & que l'arrétifte intitule ainfi : *arrêt notable pour la reftitution des lettres miffives familiérement écrites & perfidement baillées.* Cet arrêt ordonne qu'une lettre de M^e le Mazier, avocat, que ces officiers s'étoient fait remettre, & dont ils demandoient que les termes injurieux fuffent rayés, fera par eux rendue , & les condamne en 4 liv. d'aumône, avec défenfe de récidiver, fous plus grandes peines.

Le fupliant ne finiroit pas s'il vouloit entrer dans le détail des nullités dont fourmille & dont eft infeétée la procédure tenue au châtelet contre lui & fes co-accufés ; mais en voilà plus qu'il n'en faut fans doute pour faire profcrire avec indignation cette procédure monftrueufe & vexatoire ; & le fupliant fe réfere d'ailleurs à la favante & lumineufe requête imprimée de madame la préfidente de Saint-Vincent, qu'il emploie pour plus amples moyens de nullité & de défenfe.

Sur quoi porte donc l'étrange accufation de M. le

maréchal de Richelieu contre le fupliant ? Si le fupliant a contribué à la vente d'un des billets argués
de faux, c'eft qu'il les croyoit fignés de M. le maréchal, ainfi que les lettres qui les annonçoient. Lorf-
qu'il s'eft mêlé de cette négociation, l'accufation de
faux n'étoit point intentée par M. le maréchal, il ne
s'en eft mêlé que comme l'auroit fait toute perfonne
honnête que madame de Saint-Vincent en auroit
prié ; il croyoit tellement les billets vrais, qu'il n'a
pas héfité à les garantir, lorfque les acheteurs l'en
ont requis, voilà tout fon crime ; & quand même il
feroit vrai que madame de Saint-Vincent fût coupable du faux que lui impute M. le maréchal, ce que
le fupliant eft bien éloigné de croire, il n'en pour-
roit encore rien réfulter contre lui, puifqu'il n'exifte
aucun aveu de fa part dans les interrogatoires infidieux qu'on lui a fait fubir, ni aucune preuve de la
part des témoins ftipendiés pour dépofer dans les
informations, que le fupliant ait coopéré en quoi
que ce foit à la prétendue fabrication des billets.
Que la cour daigne fe rapeller toutes les circonftances qui ont précédé la plainte de M. le maréchal
de Richelieu, & dont le fupliant vient d'avoir l'honneur de rendre compte : que la cour daigne fe
rapeller tout ce qui s'eft paffé, & avant la négociation des billets, & lors de cette négociation, & enfin
la reconnoiffance faite de ces billets par le notaire
de M. le maréchal, & tant d'autres perfonnes qui
lui font attachées ; & l'on verra qu'il n'a pas été poffi-

ble au fupliant de fe défier de la fincérité de ces titres. Au furplus, la difcuffion de cette partie de l'affaire & du fond de l'accufation intentée par M. le maréchal contre le fupliant, fera traitée plus au long & de maniere à ne laiffer rien à defirer dans le mémoire particulier auquel il travaille actuellement, en réponfe au libelle diffamatoire qu'a publié contre lui M. le maréchal de Richelieu.

CE CONSIDÉRÉ, NOSSEIGNEURS, il vous plaife recevoir le fupliant apelant, en adhérant à fon premier apel, de toutes les procédures faites par le fieur Bachois au châtelet, appofition de fcellés, plainte, information faite tant au châtelet qu'à Milhau & à Poitiers, addition de plainte & d'information, interrogatoires, récolemens & confrontations; tenir le préfent apel pour bien relevé.

Faifant droit fur ledit apel, mettre l'appellation & ce dont eft apel au néant; émendant, déclarer toutes lefdites procedures nulles, tortionnaires, vexatoires & déraifonnables; ordonner que le fupliant fera mis en liberté, & que fon écrou fera rayé & biffé des regiftres des prifons où il a été & où il eft détenu, à le laiffer fortir, tous greffiers, concierges, guichetiers & autres, contraints, même par corps, quoi faifant, ils en feront bien & valablement déchargés;

Ordonner que les lettres, billets, titres, papiers & effets fur lefquels ont été appofés les fcellés en vertu de l'ordonnance du fieur Bachois du 14 août 1774, qui ont été dépofés au greffe du châtelet, & qui cependant ne fervent, ni ne peuvent fervir à l'inftruction du prétendu faux dont fe plaint M. le maréchal de Richelieu, feront rendus & reftitués au fupliant; à quoi faire tous greffiers, dépofitaires & autres feront contraints, même par corps, quoi faifant ils en feront bien & valablement quittes & déchargés;

Permettre au fupliant de prendre à partie le fieur Bachois, lieutenant criminel, pour répondre aux conclufions qui feront prifes contre lui par le fupliant;

Et dès à préfent, condamner M. le maréchal de Richelieu en 200000 livres de dommages & intérêts envers le fupliant, par forme de réparation civile, & en tous les dépens des procédures, caufe principale, d'apel & demandes, fauf à lui à réitérer & pourfuivre fa plainte en faux principal fuivant l'ordonnance & dans les formes légales, défenfes réfervées au contraire. Et vous ferez bien.

Signé, DE VEDEL-MONTEL.

Mᵉ MORISE, procureur.

PIECES JUSTIFICATIVES.

Nous fouffignés, confuls, prieur & principaux habitans du lieu d'Aigue-vives en Languedoc, certifions que meffire François de Vedel-Montel, chevalier de l'ordre royal & militaire de faint Louis, major du régiment Dauphin, infanterie, eft né parmi

parmi nous ; que depuis fon enfance il a mérité dans toutes les occafions notre plus parfaite eftime, & qu'il ne nous eft jamais parvenu que dans aucune circonftance de fa vie, foit ici, foit ailleurs, il s'y foit écarté de fes devoirs & de la plus exacte probité ; en foi de quoi nous lui avons figné le préfent certificat pour lui fervir & valoir en ce que tout befoin fera. Fait à Aigue-vives le 11 novembre mil fept cent foixante-quatorze. *Signé*, Serane, prêtre & curé ; Menard, premier conful ; Granon, greffier ; Granon, Combe, Bonnet, Antoine Hebrard, Claude Rouffon, Rigaud, Caurid, Mirabaud, Doumergue, J. Pournet, &c.

Nous, Louis Fajon, confeiller du roi, lieutenant général criminel en la fénéchauffée & fiége préfidial de Nîmes, certifions à tous qu'il appartiendra que les confuls, prieur & principaux habitans du lieu d'Aigue-vives, fitué dans le reffort de ladite fénéchauffée, qui ont ci-deffus figné, font tels qu'ils fe qualifient ; en témoin de quoi avons figné ces préfentes, & fait contrefigner par notre fecrétaire. A Nîmes, dans notre hôtel, le quatorzieme novembre mil fept cent foixante-quatorze.

Signé, Fajon.

Plus bas, par mondit fieur, *figné* Auvelier.

Certificat de Meffieurs les officiers, fervans ou retirés, habitans la ville de Nîmes, où le fieur de Vedel a reçu fon éducation a paffé le plus grand nombre de fes femeftres.

Nous fouffignés certifions que noble François de Vedel-Monteil, chevalier de l'ordre royal & militaire de faint Louis, major du régiment Dauphin, infanterie, eft d'une probité exacte ; que pendant le tems qu'il a refté dans cette ville, fa conduite a mérité les éloges de tous ceux qui l'ont connu ; en foi de quoi nous avons figné la préfente atteftation. A Nîmes le quatorze novembre mil fept cent foixante-quatorze. *Signé*, le chevalier de Pierrelevée, lieutenant pour le roi ; la Fare-d'Alais, infpecteur des milices, garde-côte de la province du Languedoc ; le chevalier de la Fare, ci-devant premier capi-

taine au régiment de Normandie ; le comte de Digoines, chevalier de faint Louis ; de Poffac, chevalier de faint Louis, ci-
devant capitaine au régiment de Normandie ; le chevalier de
Langlades-Gevaudan, ancien major de Bouchain ; de Lan-
glades-Charenton, chevalier de faint Louis ; Belot, ancien
capitaine de grenadiers, chevalier de faint Louis ; de Maffis ;
Lapierre de Leguiolle, capitaine au régiment d'Hainault ; de
Rangueil, aide-major de la place ; la Houdes, aide-major ;
Rouveier de la Brieres ; le chevalier de Catellan ; Joubert,
chevalier de faint Louis ; Jonquet, chevalier de faint Louis ;
Vincent d'Auberede, chevalier de faint Louis, chef de bataillon
au régiment de Quercy ; Montredon de Caftelnau ; de Lau-
zieres ; Themines, &c.

Nous lieutenant pour le roi, commandant, certifions que
toutes les perfonnes qui ont figné le préfent certificat font tous
officiers fervans ou retirés.

Signé, le chevalier de Pierrelevée.

*Certificat du corps de MM. les officiers du régiment Dauphin,
infanterie.*

Nous officiers au régiment d'infanterie Dauphin, fouffignés, certifions & atteftons que M. de Vedel, qui a été major
du régiment de l'Ifle de France, réformé en 1762, enfuite
major du régiment de recrue de Metz, & après commandant
de celui de Tours, d'où il a paffé en 1764 à la majorité dudit
régiment Dauphin, s'y eft comporté en homme d'honneur &
de probité, ce qui lui a mérité l'eftime du corps ; & n'ayant
reconnu en lui rien de contraire, nous lui avons donné le préfent certificat qu'il nous a requis pour lui fervir en ce que de
befoin pourra lui être, auquel nous avons fait appofer le cachet
du régiment. A Rouen, le 27 août 1774. *Signé*, Léaulaud,
lieutenant-colonel ; Maneville, Bonneau, Montgon, Saint-
Poncy, Saint-Mary, Chelan, Willecot de Beaucorroy, Lan-
drian, Montagny, Saint-Felix, Gellenoncourt, Faydeau,
Preyffac, chevalier Chambeau, Lafferan, de Blau, d'Aucour,
Waubert, Saint-Silveftre, &c. &c.

43

Nous comte du Roure, maréchal des camps & armées du roi, ancien colonel du régiment Dauphin, infanterie, certifions que M. de Vedel, major dudit régiment, s'y est comporté pendant tout le temps que nous avons eu l'honneur de commander ce corps, avec la probité la plus exacte, & que nous n'avons jamais reconnu en lui que des sentimens d'honneur; en foi de quoi nous lui avons donné le présent certificat, auquel nous avons fait appofer le cachet de nos armes pour lui valoir & servir ce que de besoin. Fait à Paris le vingt Janvier mil sept cent soixante-quinze. *Signé*, le comte du Roure.

Nous Montmorency, marquis de Morbec, maréchal des camps & armées du roi, ci-devant colonel du régiment de l'Isle de France, qui a été réformé, certifions que M. de Vedel, aujourd'hui major du régiment Dauphin, infanterie, a servi sous nos ordres dans le premier régiment avec la plus grande distinction, y ayant été élevé sous les yeux de son pere qui en étoit lieutenant-colonel. Nous ne lui avons jamais reconnu que des sentimens d'honneur & de probité dignes de sa naissance. Nous attestons en outre que son mérite nous étoit assez connu lorsque nous avons quitté le régiment de l'Isle de France, pour avoir jetté les yeux fur lui de préférence pour le nommer à la place de major lorsqu'elle feroit vacante; depuis il ne nous est point parvenu qu'il se soit écarté en aucune façon & dans aucune circonstance des sentimens distingués que nous lui avons connu; en foi de quoi nous lui avons signé & expédié le présent certificat, auquel nous avons appofé le cachet de nos armes, pour lui servir & valoir en ce que de raison. Fait à Paris ce dix-huit Janvier mil sept cent soixante-quinze.
Signé, Montmorency-Morbec.

Nous marquis de Seigneley, brigadier des armées du roi, colonel du régiment de Champagne, & ci-devant de celui de l'Isle de France réformé, certifions que M. de Vedel, major du régiment Dauphin, infanterie, l'ayant été ci-devant de celui de l'Isle de France, a servi dans ce dernier régiment avec la plus grande distinction pendant l'espace de vingt-un ans, y ayant été élevé par un pere respectable qui n'a pu lui donner que des fentimens d'honneur & de probité. Il ne nous eft jamais parvenu, foit pendant le tems qu'il a fervi fous nos ordres, foit auparavant & depuis qu'il eft placé major dans le régiment Dauphin, qu'il fe foit écarté de la plus exacte probité; nous affurons au contraire que nous n'avons reconnu en lui que des fentimens diftingués, qui lui ont dans tous les tems mérité l'eftime de fes fupérieurs & celle de fes camarades.

En foi de quoi nous lui avons expédié & figné le préfent pour lui fervir & valoir en ce que de raifon, & y avons appofé le cachet de nos armes.

A Paris ce fix décembre mil fept cent foixante-quatorze.
Signé, le marquis de Seigneley.

Nous fouffignés lieutenant colonel du régiment de l'Ifle de France, réformé, certifions que M. de Vedel, aujourd'hui major du régiment Dauphin, infanterie, eft entré au fervice enfant dans ledit régiment de l'Ifle de France, fous les yeux d'un refpectable pere qui a été tué en Italie étant lieutenant-colonel, ainfi qu'un frere aîné audit fieur de Vedel, emporté d'un boulet, duquel boulet M. de Vedel fut renverfé; & que pendant l'efpace de vingt-un ans fous nos yeux nous ne lui avons reconnu que des fentimens d'honneur & de probité dignes de fa naiffance, qui lui ont mérité dans toutes les occafions l'eftime & l'amitié de tout le corps de Meffieurs les officiers fes camarades; que par fon mérite particulier il a eu la préférence fur de plus anciens capitaines que lui pour être nommé à la majorité dudit régiment, qu'il a rempli avec la plus grande diftinction; nous ne pouvons qu'avec la plus grande furprife entendre parler de l'accufation intentée contre lui. En foi de quoi nous lui avons expédié ce préfent certificat, pour lui fervir & valoir ce que de raifon, & y avons appofé le cachet de nos armes.

Fait à Nancy le dix décembre mil fept cent foixante-quatorze.
Signé, le chevalier de Montagnac.

Me MORISE, Procureur.

A PARIS, chez P. G. SIMON, Imprimeur du Parlement, rue Mignon Saint André-des-Arcs, 1775.